BIBLIOTHÈQUE DE L'USINE

NOTICE

sur les

CONTRIBUTIONS

TAXES, DÉGRÈVEMENTS

et

DROITS D'ENREGISTREMENT

Registre Matricule du Commerce

par

L. BAUBEAU

Licencié en droit,
Inspecteur retraité des Contributions directes.

Editions de l' " USINE "

Journal de l'Industrie et de la Métallurgie françaises

Rue de Valenciennes (145, Faub.-St-Denis)

PARIS (X^{e})

BIBLIOTHÈQUE DE L'USINE

NOTICE

sur les

CONTRIBUTIONS

TAXES, DÉGRÈVEMENTS

et

DROITS D'ENREGISTREMENT

Registre Matricule du Commerce

par

L. BAUBEAU

Licencié en droit,
Inspecteur retraité des Contributions directes.

Editions de l' " USINE "
Journal de l'Industrie et de la Métallurgie françaises
Rue de Valenciennes (145, Faub.-St-Denis)
PARIS (x[e])

NOTICE

sur

LES IMPOTS ACTUELLEMENT PERÇUS

D'assez nombreux lecteurs de l'*Usine*, récemment démobilisés, n'ont pu se tenir au courant des modifications apportées à notre régime fiscal depuis la guerre, et, dans l'impossibilité où ils se trouvent de se reporter aux nombreux textes qui leur sont applicables, ils ont manifesté le désir d'avoir un résumé des diverses dispositions légales actuellement en vigueur.

C'est à leur usage, principalement, qu'est destinée la notice suivante, qui ne présente, bien entendu, que des indications générales. Il faudrait un ou plusieurs volumes pour traiter d'une manière détaillée et suffisamment précise les différents cas particuliers qui peuvent se présenter.

Je laisse de côté lès taxes assimilées qui existaient avant la guerre et qui ont été maintenues, n'ayant subi d'autre modification qu'une aggravation de tarif (chevaux et voitures, automobiles, taxe de main-morte, cercles, mines, etc.).

I. — IMPOTS ANCIENS

Les contributions directes perçues avant la guerre, ce qu'on appelait « les quatre vieilles » (foncière, personnelle-mobilière, portes et fenêtres, patente), sont toujours en vigueur.

Une loi du 31 juillet 1917 a, il est vrai, supprimé la part de l'Etat en ce qui concerne la contribution personnelle-mobilière, des portes et fenêtres et des patentes, mais, d'une manière générale, les communes et les départements ont profité de cette suppression pour augmenter leurs centimes additionnels, de sorte que, tout compte fait, la quotité de ces impôts ne subit qu'une légère diminution.

Rappelons que, pour la contribution foncière des propriétés bâties, le taux de l'impôt en principal, qui était de 4 %, a été élevé à 5 %.

On entend par revenu net les 3/4 de la valeur locative des maisons et les 6/10 de la valeur locative des usines.

Quant à la contribution foncière des propriétés non bâties, qui était naguère un impôt de répartition, elle a été transformée depuis 1915 en impôt de quotité et le taux de cet impôt qui était de 4 % du revenu net a été également porté à 5 % depuis le 1er janvier 1918.

Le revenu net représente les 4/5 de la valeur locative des terres, telle qu'elle a été établie par l'Administration et les classificateurs. Ce revenu net figure sur la matrice cadastrale communale détaillée par parcelle au folio de chaque propriétaire.

II. — IMPOTS NOUVEAUX

La loi du 31 juillet 1917 a établi un impôt sur les diverses catégories de revenus. Ces catégories, ou cédules, sont les suivantes :

A) Impôts sur les bénéfices industriels et commerciaux.

Bien qu'il existe une cédule spéciale pour les professions non commerciales, on doit signaler, contrairement à ce que l'on pourrait croire tout d'abord, que cette première cédule ne s'applique pas aux seuls bénéfices commerciaux, tels qu'ils pourraient être définis par le Code de Commerce ; elle comprend également les bénéfices industriels, tels que ceux des industries extractives qui n'ont pas toujours le caractère commercial, et certaines professions comme celles des façonniers qui, également, ne présentent pas ce caractère.

Seuls sont exempts de l'impôt cédulaire, par une disposition spéciale de la loi (article 53), les bénéfices des exploitations minières et des opérations rattachées à ces exploitations pour l'assiette de la redevance proportionnelle des Mines, lesquels restent soumis à cette redevance, conformément à la législation antérieure toujours en vigueur.

Base de l'impôt. — Il existe deux manières de la déterminer ; l'une d'après le bénéfice net après déduction de toutes charges y compris la valeur locative des immeubles affectés à l'exploitation même s'ils appartiennent à l'exploitant (1), et les amortissements généralement admis d'après usages de chaque nature d'industrie ou de commerce ; l'autre d'après le chiffre d'affaires.

D'une manière générale, le contribuable a le choix entre ces deux modes d'assiette de l'impôt.

S'il choisit le premier, il est tenu de remettre au contrôleur, avant le 1er avril de chaque année, un résumé de son compte de profits et pertes de l'année précédente en prenant l'engagement de donner à l'appui, s'il y a lieu, toutes justifications nécessaires.

S'il adopte le second, il est simplement tenu de fournir au contrôleur, à la demande de ce dernier, le chiffre d'affaires de l'année précédente, et l'Administration, en fait de comptabilité, ne peut rien exiger en dehors de la justification du chiffre d'affaires.

Le contrôleur détermine alors le bénéfice net imposable en appliquant à ce chiffre d'affaires un coefficient approprié qui varie dans la limite du maximum et du minimum fixés pour chaque nature de commerce ou industrie par une Commission spéciale. (*Journal officiel* du 18 mars 1918.)

Le contrôleur peut encore sortir des limites des coefficients fixées soit en moins, soit en plus, mais, dans ce dernier cas, c'est à lui qu'incombe la preuve de l'exactitude du coefficient appliqué.

Quelle que soit la base de l'imposition, les intéressés conservent toujours, après l'émission des rôles, le droit de recours par voie contentieuse.

Il est cependant une catégorie de contribuables qui ne peuvent demander la détermination de leur bénéfice net d'après le chiffre d'affaires et qui sont imposables d'après le bénéfice net tel qu'il résulte de leur comptabilité, ce sont :

1° Les sociétés dont le bilan est obligatoirement communiqué à l'Administration de l'enregistrement, c'est-à-dire les sociétés anonymes et les sociétés en commandite par actions ;

2° Les contribuables qui auraient déjà déclaré, pour l'année de l'imposition, le chiffre de leur bénéfice réel en vue de l'assiette de la contribution extraordinaire sur les bénéfices réalisés pendant la guerre.

L'emploi de ces deux systèmes différents aboutit ainsi à l'anomalie ci-après :

Si l'on prend le chiffre d'affaires pour base, la taxation s'appli-

(1) En effet, ces immeubles sont déjà soumis à la contribution foncière.

que à la période du 1er au 31 décembre de l'année précédente ; si, au contraire, le point de départ est le bénéfice net, ce bénéfice net est celui du dernier exercice, qui peut chevaucher sur deux années ; d'où il résulte que pour une société nouvelle, ayant débuté le 1er avril 1918, par exemple, et dont le premier bilan est du 31 mars 1919, aucune imposition n'est due en 1919. L'entreprise ne sera imposable pour la première fois qu'en 1920.

En cas d'inexactitude dans les renseignements communiqués tant sur le bénéfice net que sur le chiffre d'affaires, l'impôt est doublé sur la portion du bénéfice dissimulée à condition que l'insuffisance constatée soit supérieure au dixième ou qu'elle excède 20.000 francs. Si l'insuffisance est reconnue après l'établissement du rôle, un supplément de cotisation peut être réclamé soit dans l'année même de l'imposition, soit au cours des cinq années suivantes.

Dans le cas de refus du contribuable de faire connaître son chiffre d'affaires et de fournir les justifications qui lui seraient demandées, le contrôleur procèderait à l'évaluation d'office de ce chiffre d'affaires et l'impôt est alors majoré de moitié.

Je signale ici que, pour la détermination du bénéfice net des sociétés anonymes, le revenu imposable est le bénéfice net total distribué ou non, y compris même la réserve légale. C'est là une différence, comme il en existe tant dans l'assiette de ceux de nos impôts ayant le même élément pour base. Cette base est différente suivant qu'il s'agit de l'impôt sur le revenu appliqué par l'enregistrement, de l'impôt cédulaire sur les bénéfices et de la contribution sur les bénéfices de guerre.

On doit par contre déduire du bénéfice commercial les bénéfices provenant de coupons d'actions du portefeuille qui ont déjà supporté l'impôt de 5 0 0 sur le revenu et même les revenus des emprunts français que la loi déclare exempts d'impôts.

Taux de l'impôt. — La portion du bénéfice n'excédant pas 1.500 francs est comptée pour un quart, la fraction comprise entre 1.500 et 5.000 pour moitié, le surplus pour la totalité.

Le taux de l'impôt est fixé à 4,50 % du bénéfice imposable ainsi obtenu.

Lieu de l'imposition. — La taxe est établie au nom de chaque exploitant, pour l'ensemble de ses entreprises exploitées en France au siège de la direction des entreprises, ou, à défaut, au lieu du principal établissement.

Un même contribuable, ou une Société, ne doit donc recevoir qu'une seule feuille de contribution et il n'est dû aucune taxe pour les bénéfices des exploitations situées en dehors de la métro pole.

Taxe spéciale. — En outre de l'impôt calculé tel qu'il vient d'être dit, il est encore dû une taxe spéciale sur le chiffre d'affaires réalisé par les entreprises ayant pour objet principal la vente en détail de denrées ou marchandises, lorsque ce chiffre dépasse un million, déduction faite du montant des exportations faites à l'étranger, en Algérie, aux colonies ou pays de protectorat.

Le tarif de l'impôt est le suivant :

1 ‰ sur le chiffre d'affaires compris entre 1 et 2 mil lions ;

2 ‰ sur le chiffre d'affaires compris entre 2.000.001 et 10 millions ;

3 ‰ sur le chiffre d'affaires compris entre 10.000.001 et 100 millions ;

4 ‰ sur le chiffre d'affaires compris entre 100.000.001 et 200 millions ;

5 ‰ sur le chiffre d'affaires supérieur à 200.000.000.

Bien que cette taxe ne paraisse s'appliquer qu'aux grands magasins visés par la loi du 1er février 1909, il faut cependant admettre, d'après les débats parlementaires, que la taxe est due même par les entreprises industrielles qui écoulent les produits de leur fabrication, lorsque leur exploitation a pour objet principal la vente en détail de denrées ou marchandises.

Déclaration obligatoire. — Tous les contribuables passibles de la taxe sont tenus de faire, dans les trois premiers mois de chaque année, la déclaration du chiffre global de leurs affaires au cours de l'année précédente.

Le cas échéant, la déclaration, qui est unique, doit comprendre le chiffre global des affaires réalisé soit dans la ville du siège principal, soit dans des villes différentes, et par toutes les succursales.

Sont seules exemptées de cette taxe les sociétés coopératives de consommation ; mais ces Sociétés doivent la taxe sur les bénéfices commerciaux, sauf de rares exceptions dépendant de leur mode de fonctionnement.

B) Impôts sur les bénéfices de l'exploitation agricole.

Ce bénéfice est considéré, pour l'assiette de l'impôt, comme égal à la moitié de la valeur locative des terres exploitées.

Mais c'est là un mode de calcul forfaitaire, et si le chiffre obtenu ainsi était supérieur au bénéfice réel, une réduction proportionnelle d'impôt pourrait être obtenue, mais seulement par voie de réclamation après l'établissement du rôle.

La valeur locative des terres est celle fixée par l'Administration pour servir de base à la contribution foncière. Il suffit donc de se reporter aux matrices cadastrales de la commune et d'y rechercher le montant du revenu net administratif, qui représente les 4/5 de la valeur locative.

Appelons X la somme obtenue ; la valeur locative sera donc de :

$\frac{X \times 5}{4}$, et le bénéfice agricole :

$$\frac{X \times 5}{4 \times 2} = \frac{5}{8} \text{ de X.}$$

Taux de l'impôt. — Il est de 3,75 %, mais, si le revenu de l'exploitation n'excède pas 12.000 francs, l'exploitant n'est taxé que sur la fraction supérieure à 1.250 francs. Il a droit, en outre, à une déduction :

2/3 sur la fraction comprise entre 1.251 et 2.000.
1/3 — — 2.001 et 3.000.

La déclaration du bénéfice agricole n'est pas obligatoire.

Pour les parcs et les terrains réservés au pur agrément ou spécialement aménagés en vue de la chasse, le revenu est imposable en totalité, sans réduction ni atténuation d'aucune sorte.

L'impôt est établi au nom de l'exploitant dans la commune où il a son habitation principale au 1er janvier de l'imposition.

C) Impôts sur les traitements publics et privés, les indemnités et émoluments, les salaires, pensions et rentes viagéres.

Les revenus de cette catégorie sont passibles d'un impôt dont le taux est fixé à 3,75 %, et qui est établi dans la commune où le contribuable est domicilié au 1er janvier de l'année de l'imposition, ce qui laisse supposer que l'impôt n'est pas dû par un étranger qui n'a en France qu'une simple résidence et n'y est pas domicilié de fait. Je m'empresse de dire, cependant, que ce n'est pas la théorie de l'Administration.

Les intéressés ne sont tenus à aucune déclaration, mais cette formalité est remplie obligatoirement par les particuliers et sociétés occupant des employés, commis, ouvriers, etc., ou payant des pensions et rentes viagères, et cette déclaration doit être remise chaque année, avant le 30 janvier, au Contrôleur des Contributions directes de la division dans laquelle est compris l'établissement.

La déclaration doit mentionner :

1° Les noms et adresse des personnes occupées au cours de l'année précédente ;

2° Le montant des traitements, salaires, etc., payés à chacune d'elles pendant ladite année ;

3° La période à laquelle s'appliquent ces paiements lorsqu'elle est inférieure à une année, mais supérieure à trente jours consécutifs.

En regard de chaque traitement et dans des colonnes spéciales, il faut indiquer les avantages en argent ou en nature qui auraient pu être accordés aux intéressés, en sus des traitements, ainsi que les frais d'emploi, pour que le Contrôleur puisse les déduire du traitement imposable.

La déclaration ne doit, d'ailleurs, comprendre que les personnes dont les traitements, salaires, rétributions ou rentes viagères, dépasse le minimum exonéré de l'impôt. Ce minimum est fixé comme suit :

1° Pensions et rentes viagères : 1.250 francs.

2° Traitements, indemnités, etc... :

1.500 francs si le contribuable est domicilié dans une commune de moins de 10.000 habitants ;

2.000 francs si le contribuable est domicilié dans une commune de moins de 10.001 à 100.000 habitants ;

2.500 — si le contribuable est domicilié dans une commune de plus de 100.000 habitants ;

3.000 — si le contribuable est domicilié à Paris, ou dans les communes de la banlieue, dans un rayon de 25 kilomètres des fortifications.

Pénalités. — Chacune des omissions ou inexactitudes relevées dans les listes ainsi fournies peut donner lieu à l'application d'une amende de 5 francs prononcée par le Conseil de Préfecture à la requête du Directeur des Contributions directes.

Nota. — C'est dans cette cédule que doivent être compris les émoluments des commissaires des comptes et membres des conseils de surveillance des sociétés anonymes, les jetons de présence et allocations fixes attribués aux membres des Conseils d'administration, administrateurs-délégués ou administrateurs-gérants des sociétés anonymes, par voie de prélèvements sur les frais généraux de l'établissement et indépendamment de tout bénéfice réalisé par la Société.

Par contre, les participations et tantièmes ayant le caractère d'une distribution de bénéfices et frappés déjà par la loi du 13 juillet 1911 de l'impôt sur le revenu des valeurs mobilières, lequel est avancé par les Sociétés, mais supporté par les bénéficiaires, ne sont pas assujettis à l'impôt sur les traitements et salaires.

De plus, pour obtenir le revenu imposable, on doit déduire du revenu brut les retenues ou versements pour la constitution des pensions ou des retraites, les frais inhérents à la fonction ou à l'emploi, tels que frais de service, dépenses professionnelles, loyer de locaux exclusivement affectés au service, rétribution d'auxiliaires, frais de tournées et de voyages ou de déplacements réellement déboursés.

La déduction ne peut être étendue aux dépenses personnelles qui ne seraient qu'une conséquence indirecte de la fonction ou de l'emploi. C'est du moins la théorie de l'Administration.

D) Impôts sur les bénéfices des professions non commerciales.

On peut ranger dans cette catégorie les bénéficiaires des professions non comprises dans les cédules précédentes, notamment ceux des professions libérales, des charges et offices dont les titulaires n'ont pas la qualité de commerçants et de toutes les occupations ou exploitations lucratives.

La base de l'impôt est le bénéfice net de l'année précédente, lequel est constitué par l'excédent des recettes totales sur les dépenses nécessitées par l'exercice de la profession.

L'impôt ne porte que sur la partie du bénéfice net dépassant les sommes de :

1.500
2.000
2.500 et 3.000 fr.

suivant la situation du domicile des intéressés, comme il a été dit pour l'impôt sur les traitements.

En outre, pour le calcul de l'impôt, la fraction du bénéfice net comprise entre le minimum exonéré et la somme de 5.000 francs, est comptée seulement pour moitié.

Le taux de l'impôt est fixé à 3,75 %, sauf en ce qui concerne le revenu des charges et offices notaires, avoués, huissiers, etc., qui sont taxés suivant les règles de la cédule des bénéfices commerciaux. L'impôt est dû dans la commune où le contribuable a son domicile au 1er janvier de l'année de l'imposition.

Pour les contribuables rentrant dans cette cédule, la déclaration des bénéfices est obligatoire et doit être produite dans les trois premiers mois de chaque année. Il n'existe cependant pas de sanction à l'inaccomplissement de cette formalité. Les intéressés qui omettent de la remplir sont invités, par le Contrôleur, à produire leur déclaration dans un délai de vingt jours, passé lequel le bénéfice imposable est déterminé d'office ; mais, dans ce cas, l'imposition est majorée de moitié.

En cas de déclaration reconnue inexacte, l'impôt est porté au double sur la portion du bénéfice dissimulée à condition, toutefois, que l'insuffisance constatée soit supérieure à 1/10 du bénéfice réel ou qu'elle excède 10.000 francs.

Les insuffisances découvertes après l'établissement du rôle peuvent toujours être réparées au cours des cinq années qui suivent celle de l'imposition.

Tous les impôts qui viennent d'être énumérés sont établis par voie de rôles, mais, sur chaque impôt cédulaire, calculé comme il vient d'être dit, ainsi que sur l'impôt foncier, chaque contribuable a droit, en ce qui concerne la part de l'Etat, à une réduction de :

5 % pour 1 personne à sa charge ;
10 % — 2 —
20 % — 3 —

et ainsi de suite, chaque personne au-delà de la troisième donnant droit à une nouvelle réduction de 10 %, sans que la réduction puisse être au total supérieure à la moitié de l'impôt.

Sont considérées comme personnes à la charge :

1° Les ascendants âgés de plus de 70 ans ou infirmes ;

2° Les descendants ou enfants recueillis par le contribuable s'ils sont âgés de moins de 21 ans ou s'ils sont infirmes ;

3° Les descendants mobilisés jusqu'au grade de sous-officier inclus, devenus majeurs au cours de la guerre.

Pour s'assurer le bénéfice de ces réductions, il est indispensable de faire parvenir au Contrôleur du lieu du domicile, une déclaration indiquant les noms, prénoms, date et lieu de naissance de chacune des personnes à la charge, ainsi que les circonstances (lien de parenté, etc.) de nature à justifier que ces personnes rentrent dans la catégorie de celles visées par la loi. La mairie fournit des imprimés spéciaux.

E) Impôts sur les revenus des créances, dépôts et cautionnements.

Il s'applique aux intérêts, arrérages et tous autres produits :

1° Des créances hypothécaires, privilégiées et chirographaires à l'exclusion de toute opération commerciale ne présentant pas le caractère juridique d'un prêt ;

2° Des dépôts de sommes d'argent, à vue ou à échéance fixe, quel que soit le dépositaire et quelle que soit l'affectation du dépôt ;

3° Des cautionnements en numéraire.

La loi exempte de l'impôt :

a) Les intérêts des sommes inscrites sur les livres des caisses d'épargne ;

b) Les intérêts des créances hypothécaires ou privilégiées en représentation desquelles les Sociétés ou Compagnies autorisées par le Gouvernement à faire des opérations de crédit foncier ont émis des obligations, titres ou valeurs soumis eux-mêmes à l'impôt sur le revenu.

L'impôt est perçu au moyen de l'apposition de timbres mobiles sur la quittance ou tous autres écrits constatant le paiement ou l'inscription au crédit, d'un compte, des intérêts, arrérages ou tous autres produits.

Le droit est à la charge exclusive du créancier ; toutefois, le créancier et le débiteur en sont tenus solidairement.

La loi n'étant applicable qu'à partir du 1er janvier 1918, le droit n'est pas dû sur tous les intérêts, arrérages, échus avant cette date et recouvrés postérieurement.

Toute infraction est punie d'une amende de 50 francs à la charge de chacun des contrevenants, indépendamment du paiement par le créancier d'une amende égale au quintuple des droits dont le Trésor a été privé pour chacune des années antérieures à celle de la découverte de l'infraction, sans toutefois que le droit de répétition puisse s'étendre à plus de dix années.

Remboursement. — Dans certains cas, les droits ainsi perçus peuvent être remboursés.

Ainsi, le propriétaire d'un immeuble affecté par hypothèque, privilège ou antichrèse à la garantie d'une créance, a le droit d'obtenir, sur sa demande, le remboursement de l'impôt foncier (part de l'Etat) afférent à cet immeuble, jusqu'à concurrence de la fraction de cet impôt frappant un revenu égal aux intérêts de ladite créance.

Le remboursement est accordé sur demande présentée comme en matière de contributions directes. Elle doit être produite dans le délai de trois mois de la date du paiement des intérêts, et appuyée de la quittance ou de l'écrit libératoire dûment revêtu des timbres mobiles prévus par la loi.

De même, les intérêts des dettes chirographaires doivent être, pour l'application de l'impôt cédulaire, déduites des revenus du débiteur à l'exception toutefois de ceux provenant des valeurs mobilières.

Pour obtenir le bénéfice de cette déduction, il suffit d'en

faire la demande au contrôleur et de lui justifier que la dette existe réellement, que les intérêts ont été effectivement payés au créancier et qu'ils ont été frappés de l'impôt.

On peut également obtenir de la même manière le remboursement de l'impôt sur le revenu des valeurs mobilières constituées en gage ou nantissement de créances, à condition de justifier que l'impôt sur le revenu des titres constitués en gage incombe au porteur de ces titres et a été payé par lui.

III. — IMPOTS SUR LE REVENU

Aux impôts cédulaires que nous venons de voir se superpose l'impôt sur le revenu global, bien qu'il soit d'une date antérieure à celle de quelques impôts cédulaires.

Cet impôt, établi par la loi du 15 juillet 1914, a été appliqué pour la première fois en 1916, et le taux en a été modifié en 1917 et 1918.

En 1916, la déclaration du revenu global était facultative. A partir du 1er janvier 1917, elle est devenue obligatoire sous peine d'une majoration de 10 % et de plus, il ne suffit plus de déclarer son revenu global, il faut encore l'indiquer d'une manière détaillée, par nature de revenus :

1° Revenu des propriétés foncières bâties ;
2° — — non bâties ;
3° — des valeurs et capitaux mobiliers ;
4° — de l'exploitation agricole ;
5° Bénéfices industriels et commerciaux ;
6° — de l'exploitation minière ;
7° Traitements publics et privés, indemnités ou émoluments, salaires, pensions, rentes viagères ;
8° Bénéfices des professions non commerciales.

Des imprimés spéciaux et qui indiquent la manière dont doit être rédigée la déclaration sont distribués par les mairies.

Cette déclaration doit être remise, avant le 1er avril, au bureau de l'impôt sur le revenu de la résidence du déclarant ou, s'il a plusieurs résidences, au bureau de son principal établissement.

Elle est obligatoire pour tous, à l'exception cependant des contribuables mobilisés dans la zone des armées ou dont la résidence est située dans une localité envahie ou comprise dans la zone des opérations militaires, à l'égard desquels le délai est suspendu jusqu'à l'expiration des trois mois qui suivront la date de cessation des hostilités telle qu'elle sera fixée par décret.

En cas d'empêchement pour souscrire la déclaration en temps voulu, il peut être demandé un sursis qui doit parvenir au Directeur des Contributions directes quinze jours au plus tard avant l'expiration du délai légal, c'est-à-dire avant le 15 mars.

Personnes imposables. — L'impôt est dû par toute personne ayant en France, au 1er janvier, une résidence habituelle, que cette personne soit française ou étrangère.

Revenu imposable. — Chaque contribuable est cotisé d'après le montant total des revenus nets dont il a eu la disposition pendant l'année immédiatement antérieure à celle de l'imposition, que ces revenus aient, d'ailleurs, leur source en France ou à l'étranger.

Cependant, les personnes domiciliées à l'étranger ne sont imposables que sur un revenu forfaitaire égal à sept fois la valeur locative de leur résidence, à moins que le revenu tiré de propriétés, exploitations ou professions sises ou exercées en France n'atteigne un chiffre plus élevé, auquel cas ce dernier chiffre sert de base à l'impôt.

Le revenu imposable est le revenu net, c'est-à-dire le revenu brut diminué de toutes les dépenses effectuées en vue de l'acquisition ou de la conservation du revenu.

Ce revenu peut donc être déterminé par différence entre le total des recettes et des dépenses de chaque année. Cependant, la loi permet, pour certaines catégories, de les évaluer forfaitairement.

Ainsi, pour les revenus fonciers, on peut adopter les estimations administratives servant de base à la contribution, et pour les bénéfices de l'exploitation agricole, ainsi que pour les bénéfices industriels et commerciaux, on peut également les évaluer d'après le mode déterminé pour l'assiette des impôts cédulaires.

On peut même, chaque année, changer de système et adopter le mode d'évaluation le plus avantageux.

Si l'on procède par différence entre les recettes et les dépenses, on doit comprendre dans ces dernières les frais ci-après :

Revenu foncier
- Frais de gestion ;
- Concierge ;
- Eau, gaz, électricité ;
- Chauffage ;
- Ascenseur ;
- Vidange, réparations, entretien ;
- Assurances de toute nature ;
- Amortissement du capital ;
- Clôtures, curage des fossés, remplacement des arbres, etc...

Revenu de capitaux mobiliers
- Frais de garde, d'encaissement, impôts, etc.

Pour les autres cédules, déduire du revenu brut toutes les charges de la profession ou de l'emploi.

De l'ensemble de ces revenus, la loi permet encore de déduire certaines autres charges, mais ces déductions ne doivent pas être faites par le contribuable qui doit se borner à remplir les cadres spéciaux (5, 6, 7) que comportent les imprimés de déclaration.

En premier lieu, cadre 5, les intérêts des dettes contractées ou des arrérages de rentes payés à titre obligatoire.

Cadre 6, tous les impôts de l'année précédente, y compris, le cas échéant, la contribution sur les bénéfices de guerre.

L'Administration, sauf en ce qui concerne la contribution sur les bénéfices de guerre, n'admet la déduction que des intérêts et des contributions réellement payés au cours de l'année antérieure. Cette manière de faire nécessitera une comptabilité spéciale et il paraît plus simple de mentionner les dettes et contributions dont il s'agit qu'elles aient été payées ou non, d'autant plus que ce procédé est admis par exception, sans raison sérieuse, pour la contribution des bénéfices de guerre.

Si les sommes ainsi mentionnées ne sont pas admises par le Contrôleur, on les reportera dans la déclaration relative à l'année au cours de laquelle le paiement aura été effectué.

Cadre 7 : La loi permet de déduire les pertes résultant d'un déficit d'exploitation agricole, industrielle ou commerciale, ou même l'excédent des dépenses de réparations et d'entretien afférentes à des propriétés dont le contribuable ne se réserve pas la jouissance, sur les recettes provenant des loyers et fermages.

La récapitulation du revenu net des différentes catégories, diminué des charges dont la loi autorise la déduction, forme le revenu net global du déclarant.

Déductions pour charges de famille. — Sur ce revenu global, il est encore déduit :

1° Si le déclarant est marié ou veuf, avec un ou plusieurs enfants à sa charge, une somme de 2.000 francs, et en outre,

1.000 francs par personne à sa charge, si le nombre n'en dépasse pas 5, et

1.500 francs par personne au-delà de la cinquième.

Sont considérées comme personnes à la charge celles indiquées pour l'application des impôts cédulaires.

Le revenu ainsi obtenu après toutes ces déductions forme le revenu imposable, étant observé que la taxation ne porte que sur le revenu dépassant 3.000 francs.

Le taux de l'impôt et le mode de taxation ont été modifiés chaque année. Actuellement, le tarif est de 1,50 % pour les cinq premiers mille francs imposables, et 1,50 à 16 %, avec progression de 1 centime par cent francs, pour la portion comprise entre 5.000 et 150.000 francs; 16 à 20 % avec progression de 1 centime par 1.000 francs pour la portion comprise entre 150.000 et 550.000 francs, et 20 % pour la fraction dépassant 550.000 francs.

Pour obtenir rapidement le taux applicable au revenu imposable supérieur à 5.000 francs et inférieur à 150.000 francs, il suffit d'augmenter d'une unité le nombre de dizaines de mille. Ainsi, le taux applicable à un revenu taxable de 120.000 francs est de 13 ; celui d'un revenu de 8.000 francs est de 1,80.

Sur l'impôt ainsi calculé, chaque contribuable a droit, comme sur les impôts cédulaires, à une réduction de 5 % pour une personne à sa charge,

10 % pour 2 personnes,
20 % pour 3 personnes,

et ainsi de suite, chaque personne au-delà de la troisième donnant droit à une nouvelle réduction de 10 %, sans que la réduction puisse être au total supérieure à la moitié de l'impôt.

Le bénéfice de cette disposition ne peut être obtenu qu'autant qu'on a joint à la déclaration un état de la situation de famille, rédigé sur un imprimé fourni par l'Administration.

En cas d'omission, il peut être adressé une réclamation après l'émission du rôle.

Par contre, l'impôt est majoré de 10 % en cas de non déclaration, et, en cas de dissimulation, le droit est doublé pour la partie correspondant au revenu non déclaré, à la condition toutefois que l'insuffisance constatée soit supérieure au dixième du revenu imposable, sans maximum.

IV. — TAXE DE GUERRE

Depuis le 1er janvier 1917 et jusqu'au 31 décembre de l'année de la cessation des hostilités, c'est-à-dire vraisemblablement jusqu'au 31 décembre 1919, une taxe exceptionnelle de guerre est due, en vertu de la loi du 30 décembre 1916, par tout Français appartenant à une classe mobilisable et rentrant dans l'une des catégories ci-après :

1° Exemptés;

2° Réformés ou admis à la retraite avant le 1er août 1914 et non rappelés à l'activité;

3° Classés dans le service auxiliaire et non affectés, à moins qu'ils n'y aient été classés à la suite de blessures de guerre ou de maladie contractée dans le service, pendant la durée des hostilités.

4° Placés en sursis d'appel, en congé ou hors cadres;

5° Maintenus dans leur fonction ou emploi, ou affectés à des établissements, usines et exploitations travaillant pour la défense nationale.

Sont cependant exonérés les indigents, les pères de famille de quatre enfants mineurs vivants et à leur charge, les pères de famille ayant un fils mobilisé dans le service armé, disparu , ou fait prisonnier, tué à l'armée, décédé ou réformé à la suite de blessures de guerre ou de maladie contractée dans le service.

La taxe se compose :

1° D'un droit fixe de 12 francs par an.

2° D'un droit proportionnel égal à 0,25 % du montant de l'impôt général sur le revenu dû par l'assujetti.

Elle est établie d'office, sur renseignements fournis par l'Administration militaire.

Une réduction proportionnelle peut être accordée sur demande à ceux des imposés qui cessent d'appartenir à l'une des catégories imposables.

Les hommes appartenant aux classes définitivement démobilisées cessent d'être imposables à partir de leur démobilisation.

V. — CONTRIBUTION EXTRAORDINAIRE sur les bénéfices exceptionnels ou supplémentaires réalisés pendant la guerre.

On ne peut donner dans cette notice que des renseignements très succincts.

La contribution est due :

1° Par les personnes non patentées ayant passé des marchés pour des fournitures destinées à l'Etat ou à une Administration publique, et par toute personne ayant accompli un acte de commerce à titre accidentel ou en dehors de sa profession, en vue du même objet ;

2° Par les personnes patentées ou non ayant prêté leur concours pécuniaire ou leur entremise moyennant redevance, rémunération ou commission, pour la conclusion d'un marché avec l'Etat ou une administration publique ;

3° Par les sociétés ou les personnes passibles de la contribution des patentes, dont les bénéfices ont été en excédent sur le bénéfice normal ;

4° Par les exploitants d'entreprises assujettis à la redevance proportionnelle sur les mines.

La contribution est établie en prenant pour base l'excédent, sur le bénéfice normal, du bénéfice net respectivement obtenu pendant la période s'étendant du 1er août 1914 au 31 décembre 1915 et pour chacune des années suivantes.

Le bénéfice normal est le bénéfice d'avant guerre. Il est constitué par la moyenne des produits nets réalisés au cours des trois exercices antérieurs au 1er août 1914.

Cependant, si l'on y a avantage, on peut prendre comme bénéfice normal une somme égale à 30 fois le principal de patente de l'année de l'imposition ou 6 % des capitaux engagés pour les périodes 1914-1916, et 8 % à partir du 1er janvier 1917.

Dans aucun cas, le bénéfice normal ne peut être inférieur à 5.000 francs.

Le taux de la contribution, fixé à 50 % pour la période 1914-1915 a été élevé, à partir du 1er janvier 1916, à :

50 % pour les bénéfices supplémentaires ne dépassant pas 500.000 francs, et à
60 % pour la fraction de bénéfices supérieure à cette somme.

Depuis le 1er janvier 1917, le taux de la contribution est le suivant :

50 % sur la fraction de bénéfices supplémentaires inférieure à 100.000 francs.

60 % sur la fraction comprise entre 100.000 et 250.000 francs.
70 % sur la fraction comprise entre 250.000 et 500.000 francs.
80 % sur la fraction supérieure à 500.000 francs.

Les cinq premiers mille francs du bénéfice supplémentaire ne sont pas imposables.

Paiement de la contribution. — Les deux premiers quarts de la contribution sont seuls exigibles après l'émission du rôle. Les deux derniers quarts ne seront exigibles que six mois après l'expiration du dernier exercice de la période pour laquelle la contribution extraordinaire est instituée, période qui prend fin douze mois après la date de cessation des hostilités.

Remarque importante. — Dans ces six mois, en cas de déficit par rapport en bénéfice normal, révélé par un des bilans de la période de guerre, le contribuable aura le droit, sur la présentation de toutes ses feuilles d'imposition relatives à la contribution, à une détaxe correspondante à l'importance de ce déficit, mais jusqu'à concurrence seulement de la part de contribution restant due.

Les droits sont majorés de 10 % à l'égard de tout contribuable qui n'a pas souscrit de déclaration dans le délai prévu.

En cas de dissimulation, la contribution correspondante à la fraction du bénéfice supplémentaire non déclaré est majorée de moitié, si toutefois cette fraction est supérieure à 10 % du bénéfice total.

La taxation est établie par des Commissions départementales du premier degré. Leurs décisions sont susceptibles de recours devant la Commission supérieure siégeant à Paris, dans le délai d'un mois à partir de leur notification. *Ce délai est de rigueur.*

L'emploi de manœuvres frauduleuses, pour se soustraire en totalité ou en partie à l'établissement de la taxe, est puni d'un emprisonnement de trois mois à deux ans et d'une amende de 500 à 10.000 francs, ou de l'une de ces deux peines seulement.

On ne saurait considérer comme manœuvre frauduleuse des erreurs involontaires de comptabilité ou des insuffisances résultant d'une interprétation inexacte de la loi.

Le contribuable peut tenir sa comptabilité comme il l'entend, mais pour la détermination du bénéfice supplémentaire le produit net en période de guerre est calculé en établissant le bilan pour chaque entreprise suivant les règles antérieures propres à cette entreprise, notamment en ce qui concerne les réserves et amortissements.

On admet cependant en déduction du bénéfice supplémentaire :

1° Les sommes destinées aux amortissements supplémentaires nécessités soit par des dépréciations exceptionnelles de matériel résultant d'une prolongation anormale de la durée journalière du travail, soit par le fait d'installations ou de dépenses exceptionnelles effectuées en vue de fournitures de guerre;

2° Les sommes correspondantes à l'intérêt à 6 ou 8 % des capitaux employés dans les entreprises situées en pays envahis ou sinistrés et à l'amortissement habituel de ces entreprises.

Les sommes mises en réserve pour les amortissements de bâtiments, matériel, outillage ou créances irrecouvrables seront révisées dans la dernière année de l'imposition et la différence en plus ou en moins sera imputable au dernier exercice imposable.

La rédaction de la déclaration de ce dernier exercice aura donc une très grande importance.

VI. — DROITS DE TIMBRE et D'ENREGISTREMENT

En ce qui concerne les sociétés anonymes et les sociétés en commandite par actions les droits de timbre et de transmission n'ont pas été modifiés depuis la loi du 29 mars 1914.

Quant à l'impôt sur le revenu, qui était de 4 %, il a été élevé à 5 % par la loi du 31 décembre 1916.

Pour la constitution des sociétés, le droit proportionnel sur les apports, qui était de 0,20 %, a été élevé à 1 % sans décimes (loi du 29 juin 1918).

De même, la taxe de mainmorte (loi du 20 juin 1918) a été élevée, depuis le 1er janvier 1918 à 2,60 par franc du principal de la contribution foncière des propriétés bâties et non bâties.

Cette même loi comporte une autre disposition importante, c'est l'obligation de faire enregistrer, dans le délai de trois mois à compter de leur date, tous les actes sous seings privés, constatant des conventions synallagmatiques autres que celles visées par l'article 22 de la loi du 11 juin 1859, c'est-à-dire les actes de commerce.

De plus, un double de l'acte sur papier timbré, revêtu des mêmes signatures que l'acte même, doit être fourni au bureau de l'Enregistrement où il reste déposé.

De plus, pour les effets négociables ou de commerce autres que ceux tirés de l'étranger sur l'étranger, le droit proportionnel qui était de 0,05 par 100 francs et fraction de 100 francs est maintenant de 0,20.

VII. — TIMBRE QUITTANCE, TAXE SUR LES PAIEMENTS, TAXE DE LUXE

La loi du 31 décembre 1917 a modifié, à partir du 2 avril 1918, le droit de timbre quittance et a institué également une taxe sur la vente des objets de luxe.

Il faut distinguer entre les paiements civils et commerciaux.

La taxe sur les paiements, qui est substituée aux droits de timbre, mais qui continue d'être perçue par voie d'apposition de timbres, a été élevée à 0,20 %.

Elle est perçue sur tous les titres, de quelque nature qu'ils soient, signés ou non signés, constatant des paiements ou des versements de sommes soit à des non commerçants pour une cause quelconque, soit à des commerçants pour une cause autre que l'exercice de leur commerce.

Elle atteint donc, en principe, tous les paiements civils à condition qu'il y ait un titre constatant le paiement.

Quant aux paiements commerciaux, ils demeurent soumis à l'ancien droit de timbre, à moins toutefois qu'ils ne correspondent à une vente au détail ou à la consommation. Dans ce dernier cas, c'est le paiement, avec ou sans titre, qui rend la taxe applicable. Toutefois, la taxe n'est pas due pour les paiements non supérieurs à 10 francs, ni pour les paiements de 10 à 15 francs si l'acheteur ne se fait pas délivrer un titre en constatation du paiement.

Remarquer qu'il n'est pas nécessaire, pour rendre la taxe exigible, que ce titre soit signé.

La taxe n'étant due que pour les ventes au détail ou à la consommation, il en résulte qu'elle n'est pas exigible lorsque la vente est effectuée en gros ou demi-gros, c'est-à-dire à un commerçant qui achète pour revendre, mais, dans ce cas, pour justifier le non-paiement de la taxe, l'acheteur est tenu de produire au vendeur un certificat constatant que la marchandise achetée est destinée à être revendue transformée ou non et doit supporter à ce moment-là la taxe.

Tout commerçant qui reçoit des paiements supérieurs à 150 francs à raison de ventes au détail ou à la consommation doit tenir un livre spécial, ou carnet à souche, destiné à recevoir l'inscription de tous les paiements passibles de la taxe. Il existe de ces carnets des modèles officiels.

La taxe est perçue au moyen de l'apposition, sur le livre spécial, en regard de chaque paiement, de timbres mobiles, et sur l'écrit remis à l'acheteur, d'estampilles de contrôle délivrées par l'Enregistrement en même temps que les timbres.

L'Administration appliquant la loi à la lettre ne considère pas comme vendus à la consommation les produits consommés dans l'établissement, même servant à la fabrication, tels que le charbon pour moteurs et autres produits du même genre.

Taxe de Luxe. — Elle est de 10 % et est perçue :

1° Sur tous paiements de marchandises, denrées, fournitures ou objets offerts au détail ou à la consommation et classés comme étant de luxe (loi du 22 mars 1918);

2° Sur les dépenses afférentes au logement et à la consommation sur place de boissons et denrées dans un établissement classé comme établissement de luxe.

Toutes les dépenses de cette nature, sans exception, doivent être inscrites sur un registre spécial et la taxe est également perçue par l'apposition de timbres mobiles.

VIII. — REGISTRE DU COMMERCE

La loi du 18 mars 1919, qui ne sera applicable que trois mois après la promulgation d'un règlement d'administration qui n'a pas encore paru, a prescrit la tenue, au greffe de chaque tribunal de commerce, d'un registre du commerce.

Tous les commerçants français ou étrangers seront tenus d'y

faire inscrire certains renseignements, notamment leurs nom et prénoms, date et lieu de naissance, nationalité, régime matrimonial, objet du commerce, lieu de situation de l'établissement et des succursales, tant en France qu'à l'étranger, enseigne ou raison de commerce, nom, lieu de naissance et nationalité des fondés de pouvoirs, établissements que le déclarant a précédemment exploités.

En ce qui concerne les sociétés, une déclaration de même genre est ordonnée en même temps que le dépôt des statuts.

La loi est également applicable, et c'est d'ailleurs beaucoup pour elles qu'elle a été faite, aux sociétés étrangères ayant une succursale ou une agence en France.

Cette prescription est grosse de conséquences fiscales pour les Sociétés dont il s'agit et elles feront bien, sans plus tarder, de prendre les mesures nécessaires pour sauvegarder leurs intérêts et ne payer que des droits proportionnés à l'importance des affaires traitées en France.

IX. — DÉGRÈVEMENTS

Loi du 31 Juillet 1917

Le propriétaire d'un immeuble affecté par hypothèque, privilège ou antichrèse à la garantie de créances, a le droit d'obtenir sur sa demande un dégrèvement de l'impôt foncier (part de l'Etat) afférent à cet immeuble jusqu'à concurrence de la fraction de cet impôt frappant un revenu égal aux intérêts de ladite créance.

La réclamation doit être produite dans les trois mois de la date du paiement des intérêts et être appuyée de la quittance ou de l'écrit libératoire dûment revêtu des timbres mobiles apposés pour la perception de l'impôt sur le revenu.

Loi du 9 Mars 1918 sur les loyers

Une remise proportionnelle à la perte subie par le propriétaire peut être accordée sur la contribution foncière et des portes et fenêtres (principal et centimes additionnels), ainsi que sur les taxes additionnelles afférentes à l'immeuble loué.

La réclamation doit être adressée au Préfet dans les trois mois qui suivront la date à laquelle la réduction ou l'exonération de loyer sera devenue définitive.

De plus, si son revenu global n'excède pas le maximum fixé par l'article 29 de la même loi, le propriétaire a droit à une indemnité de 50 % des loyers dont le locataire aura été déchargé.

Les demandes de cette nature doivent être adressées au Directeur de l'Enregistrement au plus tard dans l'année qui suivra a cessation des hostilités.

Loi du 31 Mars 1919

Remise intégrale et d'office de la contribution mobilière due pour les années 1914 à 1919 incluse sera accordée aux mobilisés pour chaque année au cours de laquelle ils auront été présents sous les drapeaux, ainsi qu'aux militaires renvoyés à la suite d'infirmités de guerre et aux veuves, orphelins et ascendants directs de ceux qui sont morts pour la France.

Le dégrèvement est toutefois subordonné à la condition que le revenu net total annuel du réclamant, imposable au titre de l'impôt sur le revenu, ne dépasse pas 5.000 francs.

Remise totale ou partielle de la contribution des patentes pourra de même être accordée à ceux dont l'établissement aura été fermé ou qui justifieront d'une diminution notable du montant habituel de leur bénéfice d'avant-guerre.

MEMENTO DES DÉCLARATIONS A FAIRE OU DES FORMALITÉS A REMPLIR

Avant le 31 janvier	1° *Impôts cédulaires.* (Loi du 31 juillet 1917.) Noms, adresses, gains de ceux de vos employés et ouvriers dont les salaires ont dépassé le minimum assujetti à l'impôt.
Avant le 1er avril	A. Bénéfice commercial ou agricole, si vous y avez avantage. B. Noms et dates de naissance des personnes à votre charge. C. Bénéfices des professions non commerciales. D. Chiffre d'affaires des entreprises de vente en détail de denrées ou marchandises, à déclarer s'il dépasse un million. 2° *Bénéfices de guerre.* — Déclaration des bénéfices exceptionnels ou supplémentaires, ou sursis à demander avant le 1er mars. 3° *Impôt général sur le revenu.* — Déclaration détaillée ou sursis à demander avant le 15 mars.
Dégrèvements ou exonérations d'impôts	4° *Voitures suspendues.* — Déclaration à faire pour les nouveaux éléments dans les trente jours de la possession. 5° *Constructions nouvelles.* — Déclarations dans les quatre mois de l'ouverture des travaux. 6° *Réclamations ordinaires.* — A formuler dans les trois mois de la publication des rôles et au plus tard, pour les années 1914 à 1919, dans les trois mois qui suivront la date de cessation des hostilités. 7° *Vacances de maisons ou chômage d'usines.* — Dégrèvements à demander dans les quinze jours qui suivent la cessation de vacance ou chômage, ou l'expiration de la période de location, sans attendre plus d'une année. 8° *Emprunts hypothécaires.* — Dans les trois mois du paiement des intérêts, demander le dégrèvement de l'impôt foncier correspondant. 9° *Perte ou réduction de loyer du fait de la guerre.* — Demander la remise de l'impôt correspondant et, s'il y a lieu, l'indemnité. 10° *Mobilisés dont le revenu « imposable » ne dépasse pas 5.000 francs.* — Remise de contribution mobilière et, si l'établissement a été fermé, de patente.

AVIS IMPORTANT DE L'*USINE*

Il nous a paru, eu égard aux difficultés nombreuses que présente l'assiette de l'impôt et les erreurs importantes qui peuvent être commises par le Service des Contributions, qu'il serait utile d'organiser un service spécial chargé de la vérification de toutes les feuilles de contributions, de la rédaction des déclarations et des consultations dont nos abonnés pourraient avoir besoin.

Nous avons confié la direction de ce service à M. Baubeau, licencié en droit, inspecteur retraité des Contributions directes, dont la compétence est bien connue de nos abonnés.

Les honoraires, qui dépendront de chaque cas particulier, seront toujours fixés avec modération. Ils pourront d'ailleurs faire l'objet d'abonnements forfaitaires pour les entreprises importantes.

Nos abonnés ne perdront pas de vue qu'ils conservent, jusqu'à l'expiration des trois mois qui suivront le décret de cessation des hostilités, le droit de réclamation contre toutes les erreurs qui ont pu se produire depuis 1915 et même, dans certains cas, depuis 1914.

Il est donc très important pour ceux d'entre eux qui voudraient avoir recours à notre service d'adresser, dès maintenant, toutes les feuilles de contributions qu'ils pourraient avoir à vérifier.

Les duplicata des feuilles manquantes peuvent être obtenus chez le Percepteur moyennant un droit de 0 fr. 25 par article.

Toute la correspondance devra être adressée à *L'Usine*, sous le couvert « Service des Contributions ».

www.ingramcontent.com/pod-product-compliance
Ingram Content Group UK Ltd.
Pitfield, Milton Keynes, MK11 3LW, UK
UKHW022146260726
13993UKWH00005B/2192